# Chocolat

## Pensées, citations et recettes

Pour :

Titre original « Cioccolato »

Via Mazzini 6, 43100 Parma, Italie
tel +39.0521.388440
fax +39.0521.388555
www.gruppofood.com

Pour la présente édition

www.yoyo-books.com
Traduction en français : Aurélie Blain
Imprimé en Chine

# Sommaire

# Un délice des Amériques

La légende raconte que le chocolat était la boisson favorite de l'empereur Moctezuma, qui en buvait un nombre de tasses immodéré chaque jour. Évidemment, l'antique *chocolàtl* aztèque (sorte de chocolat chaud très amer à base de poudre de cacao, de vanille et d'épices) a subi de nombreuses transformations pour devenir le produit que nous connaissons tous aujourd'hui.

Il existe de nos jours de nombreuses variétés de

chocolat, adaptées à tous les goûts et toutes les exigences. Une chose est sûre : l'idée de chocolat est aujourd'hui étroitement liée au sentiment de plaisir et de satisfaction, aussi bien physiquement que sensuellement.

Les citations présentées dans cet ouvrage, ironiques, amusantes ou poétiques, reflètent parfaitement cette idée. En plus de citations ayant piqué notre curiosité, nous vous présentons également des recettes rigoureusement élaborées à base de chocolat. Votre lecture accompagnera ainsi une « mise en pratique » qui, nous en sommes sûrs, charmera vos papilles.

# Chocolat

Du venin !
Méfiez-vous de l'eau,
du vin, de tout ;
vivez de chocolat !

*Stendhal (1783-1842) • écrivain*

# gâteau aux abricots et fondue de chocolat

**Pour le gâteau :**

- **300 g / 3** tasses de farine à gâteaux
- **250 ml** de jus d'orange
- **250 g / 1** tasse de beurre
- **250 g / 1 1/4** tasse de sucre
- **200 g / 1 1/3** tasse d'abricots secs
- **100 g / 2/3** de tasse de pignons
- **2** oranges bio, **3** œufs
- 3/4 de sachet de levure / 1/3 c. à s. de poudre à pâte

**Pour la décoration :**

- **100 g / 3 1/2 oz** de chocolat noir
- **5** cuillerées à café de crème fraîche (à 35 % de matière grasse)

*30 minutes* *85 minutes* *facile*

*Ingrédients pour 6 personnes*

# gâteau aux abricots et fondue de chocolat

Faites griller les pignons au four et hachez-les grossièrement. Mélangez le beurre ramolli, le sucre et le zeste râpé des oranges. Ajoutez les œufs un à un, sans cesser de remuer, puis incorporez la farine et la levure tamisées, à l'aide d'une cuillère en bois ou d'une spatule. Ajoutez les pignons, les abricots hachés et le jus d'orange.

Versez le tout dans un moule tapissé de papier cuisson et beurré, puis nivelez la pâte. Enfournez 1 heure 20 à 170 °C / 335 °F. Laissez reposer 15 minutes et démoulez.

Faites fondre le chocolat avec la crème et versez le mélange chaud sur les parts au moment de servir.

## Une curiosité

À l’origine, le chocolat était une boisson amère : le *chocolàtl* des civilisations précolombiennes. Issu des graines du cacaotier, on lui ajoutait des épices parfois fortes, comme du piment.

# couronne au chocolat et noisettes

**Pour la couronne :** **3** cuillerées de farine à gâteaux • **180 g / 6 oz** de chocolat noir
**2** cuillerées de fécule • **4** œufs • **3** cuillerées de beurre • **100 g /** $^{1}/_{3}$ de tasse de sucre • **50 g** de pâte de noisettes pure • sel

Battez les jaunes d'œufs avec le sucre. Faites fondre le chocolat et le beurre au bain-marie et versez-les sur ce mélange ; ajoutez la pâte de noisettes, la farine et la fécule tamisées. Montez les blancs en neige avec une pincée de sel et incorporez-les à la pâte. Versez le mélange dans un moule beurré et fariné. Enfournez 45 minutes à 180 °C / 350 °F. Servez la couronne décorée de crème fouettée, de sucre glace, de menthe et de framboises.

*15 minutes* *45 minutes* *facile* *Ingrédients pour 8 personnes*

La vie c'est comme une boîte de chocolats. On ne sait jamais sur lequel on va tomber.
*Du film Forrest Gump*

# gâteau glacé au chocolat

**Pour le gâteau :**

- **1** génoise
- Grand Marnier

**Pour le biscuit :**

- **200 g / ³/₄** de tasse de sucre
- **200 g / ³/₄** de tasse **+ 2** c. à s. de beurre
- **200 g / 2** tasses de poudre d'amandes
- **200 g / 2** tasses de farine à gâteaux

**Pour le sabayon :**

- **8** jaunes d'œufs, **250 g / 1 ¹/₄** de tasse de sucre
- **250 ml** de muscat
- **250 ml** de marsala
- **80 g / ³/₄** de tasse de farine à gâteaux

**Pour le glaçage :**

- **130 g / 4 ¹/₂ oz** de chocolat noir
- **1 ¹/₂** cuillerée de beurre, **3** œufs
- **2** cuillerées de sucre glace

*40 minutes* *20 minutes* *difficile* *Ingrédients pour 8 personnes*

# gâteau glacé au chocolat

Travaillez le beurre et le sucre, puis ajoutez la farine et la poudre d'amandes. Étalez ce mélange dans deux moules à manqué du même diamètre que la génoise, sur 1 cm / 3/8 po d'épaisseur. Faites cuire le biscuit 20 minutes à 180 °C / 350 °F. Préparez le sabayon : battez les jaunes d'œufs avec le sucre, ajoutez la farine, le muscat et le marsala. Couvrez-le d'un linge et mettez-le au réfrigérateur. Préparez le glaçage au chocolat en battant les œufs avec le sucre glace, puis incorporez le beurre et le chocolat fondu. Imbibez la génoise de Grand Marnier. Sur un plat de service, déposez le premier disque de biscuit et recouvrez-le de sabayon, puis superposez la génoise, recouvrez du sabayon restant ; terminez par le second disque de biscuit. Étalez le glaçage sur l'ensemble du gâteau et décorez selon votre goût.

# cœur fondant glacé

**Pour le gâteau :**
- **150 g / 5 oz** de chocolat gianduja
- **100 g /** 1/3 de tasse de sucre
- **50 g /** 1/4 de tasse d'amandes
- **40 g /** 1/3 de tasse de farine à gâteaux
- **5** œufs
- **30 g /** 1/4 de tasse d'oranges confites
- **20 g / 1** 1/2 cuillerée de beurre
- sel

**Pour le glaçage :**
- **200 g / 7 oz** de chocolat noir de couverture

*25 minutes* *30 minutes* *moyen*

# cœur fondant glacé

Faites fondre le chocolat au bain-marie. Dans un saladier, battez les jaunes d'œufs avec le sucre jusqu'à obtention d'un mélange mousseux ; sans cesser de remuer, ajoutez petit à petit le chocolat fondu. Ajoutez les amandes grillées et hachées, les oranges et la farine. Montez les blancs en neige ferme avec une pincée de sel et incorporez-les délicatement à l'aide d'une cuillère en bois.

Beurrez et farinez un moule à charnière de 22 cm / 9 po, versez-y la pâte et enfournez 30 minutes à 160 °C / 325 °F. Démoulez le gâteau lorsqu'il est tiède et découpez-y 4 cœurs à l'aide d'un patron taillé dans du carton et d'un couteau pointu. Faites fondre le chocolat de couverture au bain-marie et glacez les cœurs avec une spatule en acier. Laissez-les refroidir et servez.

## Carlo Goldoni
*dramaturge*

Quelle boisson délicate ! Quel plaisir il me fait ! Vive le chocolat, pour son goût et ses bienfaits !

# gâteau à l'huile essentielle d'orange

**Pour le gâteau :** **150 g /** $^{3}/_{4}$ de tasse d'amandes • **100 g /** $^{1}/_{3}$ de tasse de sucre
**45 g / 3** cuillerées de beurre • **150 g / 5 oz** de chocolat noir • $^{1}/_{2}$ cuillerée de fécule
**2** œufs • **1** cuillerée de sucre vanillé • **1** cuillerée à café de levure (poudre à pâte)
**30 ml** d'Amaretto • **5** gouttes d'huile essentielle d'orange

Dans un saladier, mélangez le sucre et les œufs. Ajoutez les amandes hachées et la liqueur. Faites fondre au bain-marie le chocolat et le beurre, puis versez-les sur le mélange sans cesser de remuer. Ajoutez la levure, le sucre vanillé, la fécule et l'huile essentielle d'orange. Mélangez bien et versez dans des moules individuels beurrés et farinés. Enfournez 50 minutes à 180 °C / 350 °F. Sortez les gâteaux du four et servez avec du sucre glace.

*20 minutes* *55 minutes* *facile*

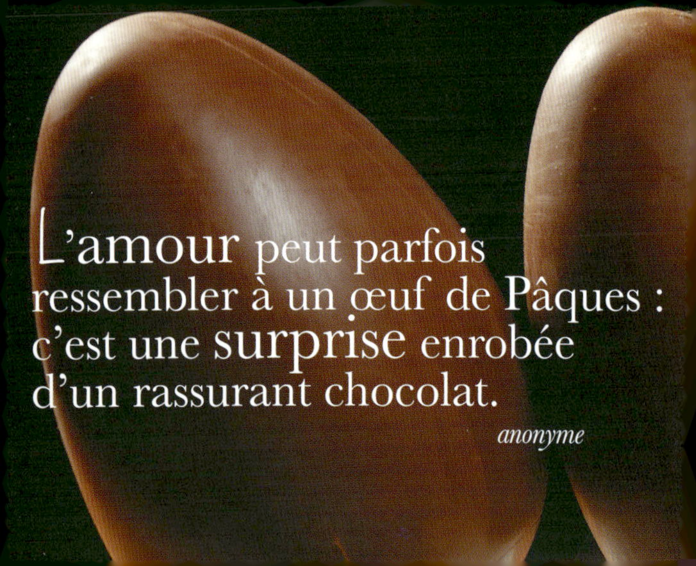
L'amour peut parfois ressembler à un œuf de Pâques : c'est une surprise enrobée d'un rassurant chocolat.
anonyme

Tu préfères les chocolats
ou les bonbons ?
Oh, j'éliminerai
les bonbons...

*Alessandro Bergonzoni • artiste*

# couronne aux pommes de terre et chocolat

**Pour la couronne :**

- **800 g / 1 3/4 lb** de pommes de terre
- **100 g / 6 1/2** cuillerées de beurre
- **125 g / 4 oz** de chocolat noir
- **225 g / 1** tasse de sucre
- **100 g / 1/2** tasse d'amandes
- **4** œufs
- **1** sachet / **1** cuillerée de sucre vanillé
- **1** orange bio
- sel

*20 minutes* *80 minutes* *facile*

# couronne aux pommes de terre et chocolat

Faites cuire les pommes de terre environ 30 minutes, égouttez-les, pelez-les et passez-les au moulin. Laissez la purée tiédir dans un plat, faites fondre le beurre au bain-marie et mélangez-le. Ajoutez le sucre, le sucre vanillé, les amandes hachées et le zeste d'orange râpé ; mélangez bien le tout. Séparez les blancs des jaunes d'œufs. Incorporez les jaunes un à un au mélange de pommes de terre, puis parsemez le tout de copeaux de chocolat. Montez les blancs en neige ferme avec une pincée de sel et incorporez-les délicatement au mélange. Versez la pâte dans un moule à couronne, à charnière, beurré. Faites cuire 45 minutes au four, au bain-marie. Laissez la couronne tiédir et démoulez-la dans un plat de service.

# gâteau marbré

**Pour le gâteau** : **500 g / 5** tasses de farine à gâteaux • **3** œufs • **150 g /** $^2/_3$ de tasse de sucre • **80 ml** de liqueur d'anis • **2** sachets de levure / **1** c. à s. de poudre à pâte • **120 ml** de lait • **150 g /** $^2/_3$ de tasse de beurre • $^1/_2$ citron bio • **3** $^1/_2$ cuillerées de cacao

Travaillez la farine, le sucre, les œufs, la liqueur, le lait, le beurre, la levure et le zeste de citron râpé. Mélangez jusqu'à obtention d'une pâte homogène. Prélevez $^1/_3$ de la pâte et incorporez-y le cacao. Beurrez un plat ; versez-y la moitié de la pâte nature, recouvrez-la de celle au cacao, puis formez une dernière couche de pâte nature. Enfournez à 180 °C / 350 °F jusqu'à ce que le gâteau soit doré. Servez ce gâteau marbré tiède ou à peine froid.

*25 minutes* *30 minutes* *facile* *Ingrédients pour 6 personnes*

## Une curiosité

Pour les civilisations précolombiennes, le cacao était si important que ses graines (appelées fèves) étaient utilisées comme monnaie d'échange et unité de mesure.

L'important c'est l'amour.
Mais un petit morceau de
chocolat de temps en
temps ne fait pas de mal !

*Lucy Van Pelt dans « Peanuts »*
*de Charles M. Schulz*

# gâteau au chocolat pimenté

**Pour le gâteau :**

- **110 g / 3 ½ oz** de chocolat noir au piment
- **2** cuillerées de rhum ambré
- **110 g / 7** cuillerées de beurre
- **60 g / ⅔** de tasse de biscuits secs émiettés
- **110 g / ½** tasse de sucre de canne
- **3** œufs, sel

**Pour la décoration :**

- crème fraîche (à 35 % de matière grasse)
- piments frais

*20minutes* *40 minutes* *facile*

*Ingrédients pour 8 personnes*

# gâteau au chocolat pimenté

Hachez le chocolat au piment et mettez-le dans un bol ; faites-le fondre au bain-marie ou au micro-ondes. Dans un saladier, travaillez le beurre mou avec le sucre de canne, jusqu'à obtention d'un mélange mousseux, clair et plutôt compact. Ajoutez les jaunes d'œufs un à un, puis le chocolat fondu, le rhum et mélangez. Mélangez la farine aux biscuits émiettés et ajoutez-les au mélange. Montez les blancs en neige avec une pincée de sel et incorporez-les petit à petit à la pâte.

Tapissez un moule à charnière de papier cuisson et versez-y la pâte. Enfournez environ 30 minutes à 180 °C / 350 °F. Servez le gâteau une fois refroidi, accompagné de crème fouettée et décoré de piments frais.

# gâteau aux amandes et chocolat

**Pour le gâteau : 300 g / 10 ½ oz** de chocolat noir • **250 g / 1** tasse de beurre
**100 g / ½** tasse d'amandes • **150 g / 1 ½** tasse de farine à gâteaux • **5** œufs
**60 g / ¼** de tasse de sucre • **1** sachet de levure / **½** c. à s. de poudre à pâte
**Pour le glaçage : 125 g / 4 oz** de chocolat noir • **100 ml** de crème

Faites fondre le chocolat et le beurre jusqu'à obtention d'un mélange lisse et laissez tiédir. Battez les œufs et le sucre pour qu'ils deviennent mousseux ; ajoutez les amandes hachées, la farine, la levure et le chocolat tiédi. Versez le tout dans un moule beurré et fariné. Enfournez 45 minutes à 160 °C / 325 °F. Laissez le gâteau refroidir, puis démoulez-le. Faites chauffer la crème, ajoutez le chocolat et mélangez. Nappez-en le gâteau et servez.

*15 minutes* *45 minutes* *facile* *Ingrédients pour 6 personnes*

Neuf personnes sur dix aimen le chocolat. La dixième ment.

*anonyme*

## Une curiosité

On estime que la production de cacao a augmenté d'environ mille fois, entre le 19e siècle et aujourd'hui. La Côte d'Ivoire, le Ghana et l'Indonésie fournissent actuellement 75 % de la production mondiale de cacao.

# tartare de fraise et brioche au chocolat

**Pour le tartare :**

- **1** barquette de fraises
- **4** tranches de brioche
- **100 g / 3 ½ oz** de chocolat noir
- **2** feuilles de menthe
- **1** cuillerée de sucre

**Pour la crème anglaise :**

- ½ l de lait
- **1** citron bio
- **4** jaunes d'œufs
- **125 g** / ½ tasse de sucre
- **1** cuillerée de fécule

**Pour la décoration :**

- **1** cuillerée de crème fraîche (à 35 %)

*25 minutes* *20 minutes* *facile*

# tartare de fraise et brioche au chocolat

Lavez les fraises, coupez-les en petits cubes, puis ajoutez la menthe et le sucre. Découpez 4 disques dans les tranches de brioche. Faites-les dorer dans une poêle antiadhésive : le cœur doit rester moelleux. Faites fondre le chocolat et glacez-en les brioches.
Préparez la crème anglaise en faisant chauffer le lait avec le zeste du citron. Mélangez les jaunes d'œufs au sucre avec une petite cuillerée de fécule. Versez le lait sur les œufs, remettez le tout sur le feu et mélangez jusqu'à ce que la crème nappe votre cuillère. Faites refroidir la casserole dans de l'eau froide. Remplissez 4 cercles à peine plus larges que les brioches avec les fraises et surmontez-les d'une tranche de brioche au chocolat. Décorez de crème anglaise froide et d'une pointe de crème fraîche.

# moelleux aux poires et cacao

**Pour le gâteau :** **100 g / 1** tasse de farine à gâteaux • **250 g / 1** tasse de *mascarpone* • **3** poires • **3** jaunes et **2** blancs d'œufs • **110 g /** $^1/_3$ de tasse de sucre **5** cuillerées de cacao amer • **1** cuillerée à café de levure (poudre à pâte)
**Pour la décoration :** tranches de poire

Lavez les poires et coupez-les en cubes. Battez les œufs avec le sucre jusqu'à obtention d'un mélange mousseux. Ajoutez le *mascarpone* travaillé en crème et mélangez bien le tout. Tamisez la farine et le cacao sur cette pâte ; mélangez et ajoutez la levure et les poires. Tapissez un moule de papier cuisson et versez-y la pâte. Enfournez 40 minutes à 180 °C / 350 °F. Laissez refroidir le gâteau et démoulez-le. Décorez de fines tranches de poire et servez.

*20 minutes* *40 minutes* *facile* *Ingrédients pour 6 personnes*

## Une curiosité

Si le mariage du vin et du chocolat peut encore paraître incongru (à moins que l'on ne parle de vins doux), une tendance semble apparaître, visant à associer un chocolat grand cru à du vin, du cognac ou du rhum. Souvent, un bon chocolat, surtout s'il est noir, se mariera parfaitement à du rhum vieux ou à un cognac XO.

Qu'est-ce que la santé ?
La santé, c'est le chocolat.

*Anthelme Brillat-Savarin (1755-1826)*

*gastronome et politicien*

# gâteau de noisettes au *cappuccino*

**Pour le gâteau :** **300 g / 1 $^3/_4$** tasse de noisettes • **200 g /** $^3/_4$ de tasse de sucre
**5** œufs • **100 g / 6 $^1/_2$** cuillerées de beurre • **300 g / 10 $^1/_2$ oz** de chocolat noir
**3** cuillerées de fécule • **2** sachets / **2** cuillerées de sucre vanillé • **2** sachets de levure / **1** c. à s. de poudre à pâte • **2** tasses / **100 ml** de café *espresso* **100 ml** de lait

Mélangez le sucre, les œufs, les noisettes hachées et 1 tasse / 50 ml de café. Faites fondre le chocolat et le beurre petit à petit sur le mélange, tout en remuant. Ajoutez la levure, le sucre vanillé et la fécule. Mélangez bien et versez dans un plat beurré et fariné, puis enfournez 50 minutes à 180 °C / 350 °F. Pour le *cappuccino*, battez le lait chaud et le reste de café au fouet pour obtenir une mousse de lait. Servez le gâteau avec le *cappuccino* chaud.

*15 minutes* *50 minutes* *facile*

## Roald Dahl

*(1916-1990) • écrivain*

Puis tout à coup, Willy Wonka s'arrêta. Devant lui se trouvait une porte de métal luisant. Le groupe se mit à s'agiter. Sur la porte était écrit en majuscules : SALLE DU CHOCOLAT CHAUD.

# fondant au chocolat amer

**Pour le fondant : 250 g / 8 ½ oz** de chocolat noir à 70 % • **200 g /** ¾ de tasse **+ 2** c. à s. de beurre • **4** œufs • **100 g /** ¾ de tasse de sucre glace

Préchauffez le four à 180 °C / 350 °F. Cassez le chocolat en morceaux et faites-le fondre au bain-marie. Ajoutez le beurre en morceaux, tout en mélangeant, puis le sucre glace, jusqu'à obtention d'une pâte lisse et homogène. Incorporez les œufs un à un en battant au fouet, puis versez le tout dans un moule à cake beurré et fariné.

Laissez cuire 25-30 minutes au four, puis laissez refroidir. Démoulez et servez le fondant coupé en tranches.

*15 minutes* *30 minutes* *facile* *Ingrédients pour 6 personnes*

## Une curiosité

1828 est une date marquante pour la production et la diffusion du chocolat : c'est l'année où le chimiste néerlandais Conrad J. Van Houten inventa une presse qui réduisait le cacao en poudre, très similaire à celles utilisées aujourd'hui.

# cônes à la vanille nappés de chocolat

**Pour les cônes à la vanille :**

- **150 ml** de lait entier
- **150 ml** de crème fraîche (à 35 %)
- **1** gousse de vanille
- **5** cuillerées de sucre
- **1** jaune d'œuf
- **2** feuilles de gélatine
- **1** citron vert

**Pour le nappage au chocolat :**

- **100 g / 3 ½ oz** de chocolat noir
- **1** clou de girofle
- **50 ml** de crème fraîche (à 35 %)

**Pour la décoration :**

- **4** baies d'alkékenge (cerises de terre)
- cacao amer

*30 minutes* *20 minutes* *moyen*

# cônes à la vanille nappés de chocolat

Portez le lait à ébullition dans une casserole, avec la gousse de vanille fendue dans le sens de la longueur et le zeste du citron en petits morceaux. Mélangez le jaune d'œuf et le sucre dans un bol, puis ajoutez le lait chaud filtré. Faites ramollir la gélatine, intégrez-la au mélange et laissez refroidir le tout. Fouettez vivement la crème et incorporez-la délicatement au lait à l'aide d'une spatule ou d'une cuillère en bois. Versez cette pâte dans 4 moules individuels coniques et laissez-la prendre 2 heures au frais. Pour le nappage, faites chauffer la crème et ajoutez-y le chocolat noir haché finement de manière à ce qu'il fonde et devienne fluide. Démoulez les cônes à la vanille et décorez-les avec les baies d'alkékenge, le cacao et le chocolat noir fondu.

Un chocolat chaud à se pâmer, doux, velouté, parfumé, enivrant...

*Guy de Maupassant (1850-1893) • écrivain*

# crème de *ricotta* et *panettone*

**Pour la crème :**

- **110 g** / 1/3 de tasse de sucre
- **100 g** / 1/2 tasse de *ricotta*
- **150 ml** de lait
- **120 g** de *panettone*
- **30 g** / 1/4 de tasse de farine à gâteaux
- **2** jaunes d'œufs

**Pour la décoration :**

- chocolat noir aux noisettes

*20 minutes* *15 minutes* *facile*

# crème de *ricotta* et *panettone*

**B**attez les œufs avec le sucre et ajoutez la farine tamisée. Portez le lait à ébullition et versez-le sur la préparation d'œufs et de farine en mélangeant au fouet.

Remettez sur le feu et laissez épaissir doucement en remuant régulièrement ; versez dans un saladier et laissez tiédir. Ajoutez le *panettone* coupé en petits morceaux et, dès que le mélange a totalement refroidi, incorporez la *ricotta*.

Laissez 1 heure au frais et servez ce dessert recouvert de copeaux de chocolat noir aux noisettes.

## Une variante

Pour une recette encore plus « chocolatée », ajoutez à la crème 70 g / 2 $^{1}/_{2}$ oz de chocolat noir en copeaux au moment où elle est encore sur le feu (et remuez jusqu'à ce qu'il ait totalement fondu).

La force est la capacité à casser une barre de chocolat à mains nues et à n'en manger qu'un unique morceau.

*Judith Viorst • poétesse et écrivain*

# gâteau aux trois saveurs

**Pour le gâteau :**

- **140 g / 1** tasse de sucre glace
- **150 g /** $\frac{2}{3}$ de tasse de beurre
- **100 g / 3** $\frac{1}{2}$ **oz** de chocolat noir
- **100 g /** $\frac{3}{4}$ de tasse de crème fouettée
- **100 g /** $\frac{1}{2}$ tasse d'amandes
- **200 g** *d'amaretti* (ou de macarons)
- **200 g** de boudoirs
- **6** jaunes d'œufs
- **125 ml** de café
- **2** feuilles de gélatine
- **200 ml** de marsala

**Pour la décoration :**

- chocolat noir

*30 minutes* *10 minutes* *moyen* *Ingrédients pour 6 personnes*

# gâteau aux trois saveurs

Travaillez les jaunes d'œufs, le beurre et le sucre en une crème lisse. Faites bouillir la moitié du marsala et ajoutez-y le mélange précédemment obtenu. Ajoutez la gélatine et enfin, la crème fouettée. Divisez cette crème en trois, dont une part plus importante. Ajoutez à la première les copeaux de chocolat, à la deuxième, le café (en le versant lentement), et à la troisième, les amandes grillées et hachées. Coupez les boudoirs en deux, imbibez-les de marsala, écrasez-les légèrement et disposez-en la moitié dans le plat. Étalez sur les boudoirs la première crème, recouverte des *amaretti*, eux aussi imbibés de marsala. Étalez la deuxième crème, puis le reste des boudoirs et recouvrez le tout de la troisième crème. Mettez le gâteau au frais au moins 3 heures. Servez-le froid et décoré de chocolat noir.

# Même si…

cela reste incertain, les *amaretti* seraient nés à Venise au cours de la Renaissance. On en trouve aujourd'hui différentes sortes dans le commerce : tendres, secs ou recouverts de grains de sucre.

J'ai une théorie selon laquelle le chocolat ralentit le processus de vieillissement. Elle pourrait être fausse, mais pourquoi tenter le diable ?

*anonyme*

# lait frappé au chocolat pimenté

**Pour le frappé :** **200 g / 1** tasse de glace au chocolat • **10** noisettes décortiquées
**1/4** de piment rouge frais • **100 ml** de lait frais entier
**Pour la décoration :** noisettes décortiquées

Faites chauffer la moitié du lait contenant le piment coupé grossièrement et laissez-le infuser 1 heure. Filtrez-le, versez-le dans des bacs à glaçons et mettez le tout au congélateur.
Une fois les cubes prêts, mixez-les avec la glace et versez le lait restant. Fouettez jusqu'à obtention d'une crème en ajoutant quelques noisettes et versez vite dans les verres. Décorez de morceaux de noisettes et servez.

*10 minutes* *2 minutes* *facile* *Ingrédients pour 2 personnes*

# mousse au chocolat et fraises

**Pour la mousse :** **250 g / 8 ½ oz** de chocolat noir • **2** feuilles de gélatine • **2** blancs d'œufs • **5** cuillerées de rhum blanc • **1** cuillerée de sucre • **150 ml** de crème fraîche (à 35 %) • sel **Pour la décoration :** **2** barquettes de fraises

Faites fondre le chocolat en morceaux au bain-marie, fouettez la crème et incorporez-y le chocolat tiède. Ajoutez la gélatine (ramollie dans l'eau froide et découpée), puis le rhum. Montez les blancs en neige avec une pincée de sel, ajoutez le sucre et mélangez 1 minute. Incorporez délicatement les blancs au mélange. Mettez au frais durant 4 heures et servez la mousse accompagnée de cubes de fraises.

*15 minutes* *5 minutes* *facile*

Si on lui offre des chocolats, elle est au régime. Si on lui offre des fleurs, elle est allergique.

*Loi de Murphy*

Le chocolat n'est pas un substitut à l'amour. C'est l'amour qui est un substitut du chocolat. Le chocolat, il faut l'admettre, est plus fiable qu'un homme.

*anonyme*

# noix de coco et ganache au chocolat

**Pour le gâteau :** ½ noix de coco • **200 g / 7 oz** de chocolat noir • **100 ml** de crème fraîche (35 %) • **40 g / ¼** de tasse de noisettes **Pour la décoration : 50 g** *d'amaretti* (ou de macarons)

Cassez la noix de coco, récupérez la pulpe sans trop l'abîmer en éliminant la pellicule boisée. Faites fondre le chocolat au bain-marie et ajoutez la crème, puis remuez jusqu'à obtention d'un mélange homogène. Coupez des lamelles de noix de coco et disposez en alternance, dans 4 moules individuels cylindriques, 1 cuillère de ganache au chocolat mélangée aux noisettes hachées et une couche de noix de coco. Laissez refroidir au frais, puis décorez *d'amaretti* en morceaux et servez.

*15 minutes* *15 minutes* *facile*

# pancakes et crème chocolat à la cannelle

**Pour les pancakes :**

- **150 ml** de lait
- **4** cuillerées de sucre
- **1** œuf
- **100 g / 1** tasse de farine à gâteaux
- **1** sachet / **1** cuillerée de sucre vanillé
- **1 ½** cuillerée de beurre
- sel

**Pour la crème :**

- **150 g / 5 oz** de chocolat noir
- cannelle, au goût
- **50 ml** de crème fraîche (à 35 %)

*30 minutes* *25 minutes* *facile*

# pancakes et crème chocolat à la cannelle

Versez la farine dans un saladier avec une pincée de sel. Ajoutez l'œuf, le sucre et le sucre vanillé ; versez le lait et battez jusqu'à obtention d'une pâte homogène. Laissez reposer 20 minutes au frais. Hachez le chocolat et faites-le fondre au bain-marie avec la crème fraîche et la cannelle, en remuant souvent à l'aide d'une cuillère en bois. Laissez tiédir jusqu'à obtention d'une consistance crémeuse. Faites chauffer à feu doux une poêle antiadhésive légèrement beurrée et versez au centre une cuillerée de pâte. Laissez cuire environ 3 minutes, puis retournez le *pancake* lorsque sa base est dorée. Cuisez-le encore 2 minutes et répétez l'opération jusqu'à terminer la pâte. Dans les assiettes, déposez en alternance un *pancake* et de la crème au chocolat, puis servez.

Il existe quatre groupes
alimentaires de base :
le chocolat au lait,
le chocolat noir,
le chocolat blanc et
les chocolats.

*anonyme*

# panna cotta au chocolat et café

Pour la *panna cotta* : **200 g / 7 oz** de chocolat noir • **200 ml** de lait • **200 ml** de crème fraîche (à 35 %) • **4** cuillerées de sucre • **100 ml** de café sucré • **2** feuilles de gélatine

Faites ramollir la gélatine dans un peu d'eau froide. Portez le lait à ébullition avec le sucre. Versez-y le café sucré et la gélatine en morceaux. Mélangez et laissez tiédir. Hachez le chocolat et mélangez-le au lait tiède, en battant le tout au fouet pour éviter les grumeaux.

Remplissez de cette crème 8 moules en silicone ou des ramequins tapissés de film transparent. Laissez le dessert prendre 3 heures au frais. Démoulez et servez.

*20 minutes* *20 minutes* *facile* *Ingrédients pour 8 personnes*

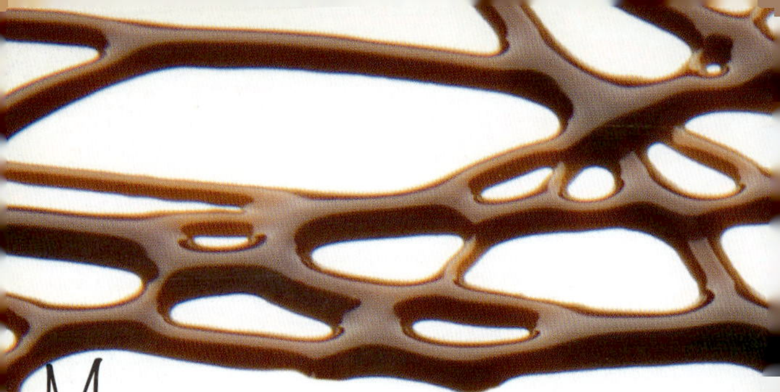

Même si tu nourris une vache au cacao, tu ne trairas jamais de chocolat chaud.

*Stanislaw Jerzy Lec (1909-1966) • écrivain et poète*

# sauce au chocolat épicé

**Pour la sauce : 100 ml** de lait • **100 ml** de crème fraîche (à 35 %) • **100 g / 3 ½ oz** de chocolat extra noir • **1** cuillerée de sucre • **1** piment rouge séché • **1** bâton de cannelle • **1** clou de girofle

Faites chauffer doucement le lait et ajoutez le sucre, le piment, la cannelle en morceaux et le clou de girofle ; laissez infuser 3-4 heures, puis filtrez. Faites chauffer le lait avec la crème et ajoutez rapidement le chocolat noir haché, en veillant à ce qu'il fonde. Laissez refroidir le mélange et servez-le comme boisson dans de petits verres ou des tasses en porcelaine, pour accompagner des desserts à base de chocolat.

*25 minutes* *15 minutes* *facile*

# soufflé à la citrouille et au chocolat

**Pour le soufflé :**

- **60 g** de citrouille
- **30 g** / ¼ de tasse de cacao amer
- **4** gros œufs
- **100 g / 6** ½ cuillerées de beurre
- **100 g** / ½ tasse de sucre de canne
- **1** cuillerée de farine à pâtisserie
- ¼ de sachet/ ¼ c. à s. de sucre vanillé
- sel

**Pour la sauce :**

- **30 ml** de crème fraîche (à 35 %)
- **60 g / 2 oz** de chocolat extra noir

*10 minutes* *25 minutes* *facile*

# soufflé à la citrouille et au chocolat

**S**éparez les blancs des jaunes. Travaillez les jaunes jusqu'à ce qu'ils aient une couleur claire. Ajoutez le sucre de canne, la farine, le sucre vanillé et une pincée de sel. Mélangez bien, ajoutez le cacao et le beurre fondu. Coupez la citrouille en tranches fines et faites-la cuire 25 minutes au four à 180 °C / 350 °F. Mixez-la pour l'incorporer au mélange de chocolat.

Montez les blancs en neige très ferme avec une pincée de sel et incorporez-les doucement au reste. Versez le tout dans un moule préalablement beurré et saupoudré de sucre de canne. Enfournez 20-25 minutes à 200 °C / 400 °F. Faites fondre le chocolat et la crème au bain-marie. Servez le soufflé accompagné de cette sauce au chocolat.

## Une curiosité

Le nom soufflé vient du verbe *souffler*. On parle alors d'une préparation à base de crème, de sauce ou de pâte, liée par des jaunes d'œufs et rendue moelleuse par l'ajout de blancs en neige que la chaleur du four fait gonfler.

Dans la vie,
il y a mieux que le
chocolat… mais
pas maintenant.

*anonyme*

Les hommes sont comme des chocolats. Au début ils sont tous doux, puis surgit toujours un arrière-goût amer. Par chance, il en existe aussi des fiables, comme les bouchées au *gianduja* : ils ne déçoivent même pas après une indigestion.

*Tina Grube • écrivain*

# chocolats poivrés aux cerises

**Pour les chocolats :** **125 g / 4 oz** de chocolat noir • poivre, au goût • **20** cerises griottes • **3** cuillerées d'éclats de noisettes • **1** cuillerée à café d'huile de tournesol

**M**élangez le chocolat, le poivre et l'huile au bain-marie en remuant souvent. Lavez les cerises et égouttez-les en conservant la queue. Disposez 20 mini-ramequins ou moules cylindriques en latex sur un plat et versez-y une cuillerée à café de chocolat au poivre fondu. Enfoncez la cerise dedans de manière à faire monter le niveau du chocolat au point de presque la recouvrir. Ajoutez une pincée d'éclats de noisettes grillées et laissez prendre au frais. Démoulez les chocolats et servez-les en fin de repas, accompagnés d'une liqueur de cerises.

*10 minutes* *5 minutes* *facile*

# coupelles maison

**Pour les coupelles : 300 g** de pâte brisée • **100 g / 3 ½ oz** de chocolat noir
**250 g / 2** tasses de yaourt maigre • **1** cuillerée de sucre glace • **1** orange bio
**1** citron bio • **2** abricots mûrs

Étalez finement la pâte et découpez un maximum de disques à l'aide d'un emporte-pièce ; utilisez-les pour revêtir le fond de moules individuels sphériques, piquez-les à la fourchette et enfournez 10 minutes à 170 °C / 335 °F. Mélangez le yaourt, le sucre, les zestes d'orange et de citron. Faites fondre le chocolat au bain-marie et glacez le fond des coupelles, démoulez et laissez refroidir. Une fois dures, remplissez-les de yaourt et déposez au centre un dé d'abricot. Servez froid.

*45 minutes* *10 minutes* *facile*

J'ai appris à connaître les deux seuls remèdes à la douleur, la tristesse, le cafard et les plaies similaires du cœur humain : ce sont le chocolat et le temps…

*Tommaso Landolfi (1908-1979)*
*écrivain, traducteur et amateur de jeux de hasard*

# tartelettes à la mousse de chocolat piquant

**Pour la pâte :**

- **300 g / 3** tasses de farine à gâteaux
- **150 g /** $^{2}/_{3}$ de tasse de beurre
- **100 g /** $^{1}/_{3}$ de tasse de sucre
- **2** jaunes d'œufs
- sel

**Pour la mousse :**

- **200 g / 7 oz** de chocolat au piment
- **1** œuf
- **120 g /** $^{1}/_{2}$ tasse de sucre
- **2** feuilles de gélatine
- **100 ml** de crème fraîche (à 35 %)

*30 minutes* *15 minutes* *moyen*

*Ingrédients pour 6 personnes*

# tartelettes à la mousse de chocolat piquant

Travaillez le beurre mou avec le sucre ; ajoutez les jaunes d'œufs, la farine, une pincée de sel et pétrissez. Emballez la pâte dans du film transparent et laissez-la reposer 10 minutes au frais. Étalez la pâte au rouleau sur 1,5 cm / ½ po d'épaisseur, puis découpez 12 disques à l'aide d'un emporte-pièce de 5 cm / 2 po de diamètre. Tapissez-en 12 moules individuels et piquez-les à la fourchette. Enfournez-les 10 minutes à 180 °C / 350 °F ; démoulez et laissez refroidir. Mélangez l'œuf avec le sucre jusqu'à obtention d'un mélange mousseux. Faites fondre le chocolat au bain-marie et faites ramollir la gélatine dans de l'eau froide. Ajoutez-la au chocolat fondu en mélangeant avec une cuillère en bois. Incorporez le chocolat puis la crème fouettée à l'œuf et au sucre. Remplissez les tartelettes de cette mousse refroidie et servez.

On peut diviser les hommes en deux catégories : ceux qui aiment le chocolat et ceux qui ne veulent pas l'admettre.

*anonyme*

# fraises glacées au chocolat à la menthe

**Pour les fraises glacées** : **150 g / 5 oz** de chocolat à la menthe • **18** fraises
**Pour la décoration** : menthe fraîche

Cassez le chocolat à la menthe et faites-en fondre les 2/3 au bain-marie. Ajoutez le reste du chocolat en baissant le feu, puis glacez les fraises. Égouttez le chocolat excédentaire et déposez les fraises sur du papier cuisson pour qu'elles refroidissent. Parsemez de feuilles de menthe ciselées avant de mettre au frais. Servez les fraises bien froides.
Pour une présentation plus raffinée, appliquez sur chaque fraise un morceau de feuille d'or comestible.

*20 minutes* *10 minutes* *facile* *Ingrédients pour 6 personnes*

# mousse de fraises sur chocolat noir

**Pour la base :**

- **200 g / 7 oz** de chocolat de couverture

**Pour la mousse :**

- **150 g** / $^2/_3$ de tasse de fraises
- **5** cuillerées de sucre
- **2** feuilles de gélatine
- **200 ml** de rhum blanc

*30 minutes* *10 minutes* *moyen* *Ingrédients pour 8 personnes*

# mousse de fraises sur chocolat noir

Lavez les fraises, équeutez-les, coupez-les en morceaux et réservez. Faites chauffer une poêle, faites-y sauter la moitié des fraises avec le sucre et flambez avec le rhum blanc.
Mixez la gélatine en morceaux, ramollie dans de l'eau froide, et le reste des fraises. Ajoutez délicatement la crème fouettée par des mouvements du bas vers le haut, puis mettez au frais. Faites fondre le chocolat au bain-marie ou au micro-ondes, versez-le dans une vingtaine de caissettes en papier et éliminez l'excédent de manière à seulement les tapisser. Faites-les durcir au réfrigérateur. Remplissez ensuite les fonds au chocolat de mousse de fraise. Décorez d'un filet de chocolat fondu et laissez de nouveau refroidir avant de servir.

Une vie sans chocolat serait comme vivre en ayant oublié quelque chose d'important.

*Marcia Colman Morton*
*& Frederic Morton • écrivains*

# nougats glacés

**Pour les nougats :** **100 g** / 1/2 tasse d'amandes émondées • **100 g** / 2/3 de tasse de noisettes • **200 g** / 3/4 de tasse de sucre • **200 g / 7 oz** de chocolat noir • **100 ml** d'eau • **1** œuf • huile de tournesol

Mixez les amandes et les noisettes. Faites cuire le sucre et l'eau ; laissez frémir jusqu'à atteindre 120 °C / 250 °F (utilisez un thermomètre de cuisine) pour obtenir un sirop. Ajoutez-y le mélange de fruits secs, à l'aide d'une cuillère en bois, à feu doux. Laissez tiédir, puis ajoutez l'œuf. Remettez un instant sur le feu pour que la crème prenne. Étalez-la ensuite sur un plat légèrement huilé et laissez refroidir. Coupez de petits tronçons de nougat et immergez-les dans le chocolat, fondu au bain-marie. Laissez refroidir et servez.

*20 minutes* *15 minutes* *moyen* *Ingrédients pour 6 personnes*

L'extase, c'est
trouver une seconde
couche de chocolats
sous les premiers.

*anonyme*

# petits gâteaux au chocolat

**Pour les gâteaux** : **125 g** / $^{1}/_{2}$ tasse de beurre • **90 g** / $^{1}/_{3}$ de tasse de sucre • **3** cuillerées de sucre de canne • **2** œufs • **1** sachet / **1** cuillerée de sucre vanillé • **125 g** / **1** $^{1}/_{4}$ tasse de farine à pâtisserie • **1** sachet de levure / $^{1}/_{2}$ c. à s. de poudre à pâte • **2** cuillerées de cacao • **150 ml** de lait • **60 g** / $^{1}/_{3}$ de tasse de pépites de chocolat • sel

Travaillez le beurre ramolli en versant petit à petit les deux types de sucre afin d'obtenir une consistance crémeuse. Battez les œufs avec le sucre vanillé et versez doucement sur le beurre. Incorporez farine, cacao et sel, en alternance avec le lait.
Ajoutez la levure et les pépites de chocolat. Remplissez de petites caissettes en papier aux 2/3 de leur volume. Enfournez 20 minutes à 190 °C / 375 °F, laissez tiédir et servez.

*15minutes* *20 minutes* *facile* *Ingrédients pour 6 personnes*

# dés moelleux au chocolat

**Pour les dés :** **75 g /** 1/3 de tasse d'amandes • **40 g /** 1/3 de tasse de farine à gâteaux **5** cuillerées de beurre • **1** cuillerée de fécule • **50 g / 1** 3/4 **oz** de chocolat au lait • **100 g / 3** 1/2 **oz** de chocolat noir • **1** cuillerée de whisky • **75 g /** 1/4 de tasse de sucre • **2** œufs **100 g /** 1/2 tasse de *mascarpone* **Pour la décoration** : fraises • **50 g / 1** 3/4 **oz** de chocolat blanc

Faites griller les amandes et passez-les au mixer. Faites fondre les chocolats au bain-marie. Mélangez le beurre et le sucre ; ajoutez le chocolat, le whisky, les œufs battus et, enfin, le *mascarpone*. Incorporez les amandes, la farine tamisée et la fécule, puis versez la pâte dans des moules rectangulaires. Enfournez 20 minutes à 180 °C / 350 °F et laissez refroidir. Coupez les gâteaux en dés ; recouvrez-les de chocolat blanc fondu et d'un morceau de fraise.

*30 minutes* *25 minutes* *facile*

## Une curiosité

Des chercheurs ont découvert que le chocolat produit certaines des réactions engendrées par la marijuana. Ils ont découvert d'autres similitudes entre ces deux produits… mais ils ne s'en souviennent plus…

*Matt Lauer • journaliste*

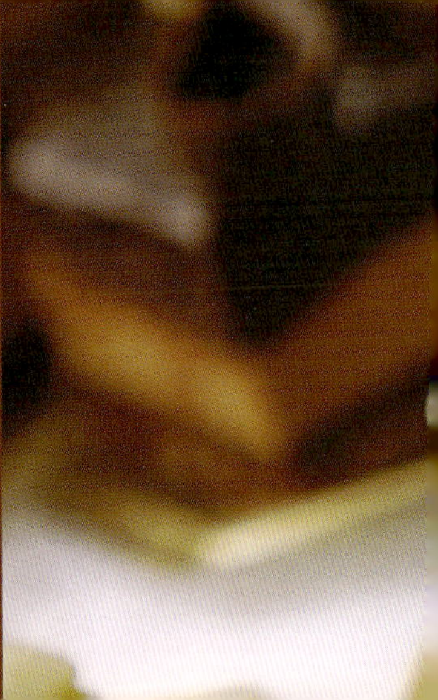

# pavé à la cannelle glacé au lait

**Pour le pavé :**

- **250 g / 2 ½** tasses de farine à gâteaux
- **250 g / 1 ¼** tasse de sucre
- **250 ml** de lait entier
- **125 g / ½** tasse de beurre
- **1** cuillerée de cannelle en poudre
- **1** sachet de levure / ½ c. à s. de poudre à pâte
- **2** œufs
- sel

**Pour le glaçage :**

- **100 g / 3 ½ oz** de chocolat au lait
- **2** cuillerées de crème fraîche (à 35 %)

*40 minutes* *35 minutes* *moyen* *Ingrédients pour 8 personnes*

# pavé à la cannelle glacé au lait

Tamisez la farine, la levure et la cannelle, puis mélangez-les au sucre dans un gros bol. Battez les œufs et le lait avec une pointe de sel et versez le tout au centre du bol : travaillez rapidement à la cuillère. Incorporez le beurre fondu petit à petit et versez cette pâte dans un large moule rectangulaire, beurré et fariné ou tapissé de papier cuisson. Enfournez environ 30 minutes à 180 °C / 350 °F ; laissez tiédir avant de démouler.

Faites fondre le chocolat en morceaux au micro-ondes ou au bain-marie et laissez tiédir. Ajoutez-y la crème fraîche pour le détendre un peu. Démoulez le gâteau, prédécoupez-le en pavés et recouvrez-le du glaçage. Laissez prendre et saupoudrez de cannelle avant de servir.

Les dieux boivent
l'ambroisie,
les hommes le
chocolat chaud…

*anonyme*

# 10 raisons pour lesquelles le

1. Le bon chocolat se trouve facilement.
2. On peut faire durer le chocolat autant que l'on veut.
3. Si l'on mord la barre trop fort, il ne se plaindra pas.
4. On n'est pas obligé de parler après.
5. Aucun besoin de simuler.
   Si l'on n'aime pas, on peut le dire.
6. Le bon chocolat ne réveille pas les voisins.

# ocolat est meilleur que le sexe

7. On peut accepter du chocolat d'un inconnu.
8. On peut manger du chocolat même devant sa mère…
9. … ou bien au volant, sans risquer l'accident.
10. On peut manger tout le chocolat que l'on veut au bureau sans scandaliser ses collègues.

*anonyme*

# gâteau aux carottes et noix de coco

**Pour le gâteau :** **200 g / 2** tasses de farine à gâteaux • **100 g /** $^{2}/_{3}$ de tasse de poudre de noix de coco • **150 g /** $^{2}/_{3}$ de tasse de sucre • **150 g / 2** carottes de taille moyenne **100 g / 3** $^{1}/_{2}$ **oz** de chocolat au lait • **5** cuillerées d'huile de tournesol • **50 ml** de lait **3** œufs • **1** cuillerée de sucre vanillé • **1** cuillerée à café de levure (poudre à pâte)

Dans un récipient, mélangez œufs, farine, noix de coco, sucre, huile de tournesol, lait, sucre vanillé, levure et carottes râpées. Versez le mélange dans un plat beurré et fariné. Coupez le chocolat en petits morceaux et disposez-les dans le gâteau en les enfonçant à l'aide d'une cuillère en bois. Enfournez le gâteau environ 30 minutes à 180 °C / 350 °F. Démoulez-le à peine tiède. Servez le gâteau recouvert de sucre glace ou de poudre de noix de coco.

*20 minutes* *30 minutes* *facile*

# gâteau aux noix

**Pour le gâteau** : **200 g / $^3/_4$** de tasse **+ 2. c. à s.** de beurre • **200 g / 2** tasses de farine à gâteaux • **100 g / $^3/_4$** de tasse de cerneaux de noix • **100 g / $^1/_2$** tasse de sucre de canne • **100 ml** de lait frais • **2** œufs • **1** cuillerée à café de levure (poudre à pâte) • sel
**Pour le glaçage** : **120 g / 4 oz** de chocolat au lait • **1** cuillerée de beurre

Mélangez le sucre et le beurre, puis incorporez petit à petit les œufs battus à part. Ajoutez la levure et la farine tamisées, une pincée de sel et le lait, et enfin, la moitié des noix hachées. Versez cette pâte dans un moule beurré et fariné et enfournez 35 minutes à 180 °C / 350 °F. Faites fondre le chocolat et le beurre au bain-marie, puis mélangez bien hors du feu. Lorsque le gâteau est cuit, laissez-le tiédir avant de démouler. Recouvrez-le du glaçage et du reste des noix.

*30 minutes* *40 minutes* *moyen* *Ingrédients pour 6 personnes*

Le chocolat est bien plus économique qu'une thérapie. Et pas besoin de rendez-vous.

*anonyme*

# gâteau aux poires à l'eau-de-vie

**Pour le gâteau** : **250 g / 2 ½** tasses de farine à gâteaux • **160 g / ¾** de tasse de sucre de canne • **100 g / 3 ½ oz** de chocolat blanc • **100 ml** de crème fraîche (à 35 %) • **120 g / ½** tasse de beurre • **3** œufs • **1** cuillerée à café de levure (poudre à pâte) • **3** cuillerées de *grappa* (ou d'eau-de-vie) • **2** poires **Pour le caramel** : **100 g / ⅓** de tasse de sucre **5** cuillerées d'eau

Faites caraméliser le sucre et l'eau sans trop l'épaissir et nappez un moule à manqué du liquide. Pelez et coupez les poires en lamelles, puis ajoutez-leur le sucre et l'eau-de-vie. Ajoutez les œufs battus, la farine tamisée et la levure. Incorporez le beurre fondu, la crème fraîche, le chocolat fondu au bain-marie et mélangez. Versez la pâte dans le moule caramélisé et enfournez environ 1 heure à 180 °C / 350 °F.

*40 minutes* *65 minutes* *moyen* *Ingrédients pour 6 personnes*

Le stress ne serait pas aussi difficile à gérer, s'il était nappé de chocolat.

*anonyme*

# gâteau glacé aux carottes

**Pour le gâteau :** **300 g / 4** carottes • 3 œufs • **150 g /** 3/4 de tasse d'amandes • **150 g /** 2/3 de tasse de sucre • **50 g /** 1/3 tasse de poudre de noix de coco • **1** sachet de levure / 1/2 c. à s. de poudre à pâte **Pour la décoration :** **200 g / 7 oz** de chocolat au lait

Pelez les carottes, mixez-les et versez-les dans un récipient. Hachez menu les amandes mélangées au sucre et ajoutez-les aux carottes. Ajoutez la noix de coco, l'œuf entier et la levure. Mélangez, puis versez le tout dans un moule à manqué. Enfournez 10 minutes à 160 °C / 325 °F, puis 40 minutes à 180 °C / 350 °F. Laissez refroidir. Faites fondre le chocolat au bain-marie et nappez-en le gâteau en le lissant bien. Laissez le glaçage prendre, décorez d'un peu de noix de coco et servez.

*20 minutes* *10 minutes* *facile*

# gâteau meringué aux dattes

**Pour le gâteau :** **120 g / 4 oz** de chocolat au lait • **100 g /** $^{2}/_{3}$ de tasse de noisettes **120 g /** $^{3}/_{4}$ de tasse de dattes dénoyautées • **125 g /** $^{3}/_{4}$ de tasse **+ 3** c. à s. de sucre glace • **3** blancs d'œufs • **20 g / 1** $^{1}/_{2}$ cuillerée de beurre • sel **Pour la décoration :** **120 ml** de crème fraîche (à 35 %) • extrait de vanille

Émondez et mixez les noisettes avec le chocolat. Coupez finement les dattes. Montez les blancs d'œufs en neige en incorporant petit à petit le sucre. Ajoutez-leur les noisettes, puis les dattes. Versez le tout dans un moule à charnière, tapissé de papier cuisson beurré. Enfournez 35 minutes à 180 °C / 350 °F. Démoulez et laissez refroidir. Fouettez la crème fraîche avec la vanille. Évidez le gâteau et remplissez-le de crème fouettée. Servez.

*30 minutes* *35 minutes* *moyen* *Ingrédients pour 8 personnes*

Selon plusieurs recherches, quinze individus sur dix aiment le chocolat.

*Sandra Boynton*
*auteure, compositrice et illustratrice*

# verrines de meringue, figue et mousse chaude au chocolat blanc

**Pour les verrines :** **4** meringues • **6** figues vertes mûres • **60 g / 2 oz** de chocolat au lait • **4** cuillerées de crème fraîche (à 35 %) • **30 ml** de lait • **1** blanc d'œuf

Faites fondre le chocolat au bain-marie avec la crème et le lait. Laissez tiédir et en remplir un siphon. Battez le blanc d'œuf, ajoutez-le dans le siphon, refermez puis agitez ; laissez le tout au bain-marie dans une casserole d'eau à 80 °C / 175 °F.
Émiettez grossièrement les meringues dans le fond des verres. Pelez les figues, coupez-les en quartiers et répartissez-les dans les verrines. Déposez la mousse chaude directement à table au moment de servir.

*20 minutes* *10 minutes* *moyen*

## Oleg Kiselev

*guitariste et compositeur*

L'autodiscipline implique pour moi certaines choses peu plaisantes, comme tenir le chocolat et les femmes à distance.

# flan au chocolat au lait et rhum

**Pour le flan :** **300 ml** de lait • **200 ml** de crème fraîche (à 35 %) • **3** jaunes d'œufs
**80 g / ¼** de tasse de sucre • **3** feuilles de gélatine • **200 g / 7 oz** de chocolat au lait
**2 ½** cuillerées de cacao amer • **1** cuillerée de rhum vieux

Portez à ébullition la crème fraîche et le lait. Battez les jaunes d'œufs avec le sucre, puis ajoutez le rhum et le cacao. Cassez le chocolat et faites-le fondre dans le lait chaud. Faites ramollir la gélatine dans de l'eau froide et ajoutez-la en morceaux à cette crème. Laissez tiédir et versez le tout sur les jaunes d'œufs en battant au fouet. Chemisez une terrine de film transparent et remplissez-la du mélange. Laissez reposer au frais au moins 1 heure. Démoulez le flan et servez.

*30 minutes* *15 minutes* *facile* *Ingrédients pour 6 personnes*

# flan au chocolat blanc

**Pour le flan : 80 g / 2 ¾ oz** de chocolat blanc • **50 g / ½** tasse de farine à gâteaux
**1,5 l** de lait • **8** œufs • **115 g / ½** tasse de sucre vanillé

Dans une casserole, faites chauffer à feu doux la farine et ½ verre / 50 ml de lait et incorporez les jaunes d'œufs un à un en mélangeant au fouet. Faites fondre le chocolat au bain-marie après l'avoir grossièrement haché. Ajoutez au mélange d'œufs, le sucre, le chocolat fondu et versez le restant de lait. Continuez de remuer jusqu'à ébullition, puis versez la crème dans un moule à flan. Laissez le flan refroidir et se rigidifier avant de servir et décorez, si vous le désirez, de feuilles de menthe.

*30 minutes* *30 minutes* *facile*

Le chocolat fait rire tout le monde, même les banquiers.

*Benneville Strohecker • artiste*

# chocolat chaud aux épices

**Pour le chocolat chaud :** ½ l de lait entier • **100 g / 3 ½ oz** de chocolat au lait **1** bâton de cannelle • ½ gousse de vanille • **300 g / 1 ½** tasse d'amandes effilées anis étoilé

**D**ans une casserole, faites chauffer le lait, la cannelle, la vanille et l'anis ; ajoutez en dernier les amandes grillées. Juste avant l'ébullition, retirez du feu et laissez les aromes infuser de 10 à 15 minutes.

Pendant ce temps, hachez finement le chocolat ; filtrez le lait et faites-y fondre le chocolat, en remettant le tout sur le feu. Mélangez au fouet et servez bien chaud dans un verre de porcelaine ou une tasse en verre.

*5 minutes* *10 minutes* *facile*

# coupes de fruits rouges au sabayon de chocolat blanc

**Pour la coupe : 200 g / 1** tasse de mélange de fruits rouges (framboises, mûres, cassis, myrtilles, fraises) • **4** jaunes d'œufs • **2** cuillerées de sucre • **70 g / 2 oz** de chocolat blanc

Préchauffez une casserole d'eau pour le bain-marie. Mélangez au fouet les jaunes d'œufs et le sucre ; faites cuire le mélange au bain-marie en battant vigoureusement pour incorporer de l'air. À côté, faites fondre le chocolat blanc et ajoutez-le petit à petit au sabayon dès qu'il aura doublé de volume. Lavez les fruits rouges, séchez-les délicatement et répartissez-les dans 4 coupes. Recouvrez de sabayon et servez.

*20 minutes* *15 minutes* *facile*

# lait frappé aux deux chocolats

**Pour le lait frappé :** **200 g / 1** tasse de glace au chocolat blanc • **200 g / 1** tasse de glace au chocolat au lait • **20** glaçons • **200 ml** de lait entier frais • **4** cuillerées de crème fraîche (35 %)

Mixez la glace au chocolat blanc avec la moitié des glaçons et la moitié du lait, puis versez dans 4 verres hauts. Faites de même avec la glace au chocolat au lait et le reste de glaçons et versez dans les verres par l'intermédiaire du dos d'une cuillère, afin que les deux préparations restent bien distinctes. Décorez de crème fouettée et de copeaux de chocolat. Servez immédiatement.

*15 minutes* *facile*

Le tabac peut tuer,
le chocolat chaud, non.

*Fidel Castro • chef de l'État cubain*

# glace à la mûre au chocolat chaud

**Pour le croquant :** **5** cuillerées de sucre • **3** cuillerées d'amandes effilées **Pour la glace :** **200 g / 4** boules de glace à la mûre **Pour la crème :** **100 g / 3 1/2 oz** de chocolat blanc **2** cuillerées de cacao amer • **60 ml** de crème fraîche • **2** cuillerées de lait entier

Dans une casserole, faites caraméliser le sucre avec un peu d'eau, sans mélanger. Faites griller les amandes et répartissez-les sur du papier cuisson ; versez-y le caramel et étalez à la spatule. Laissez le croquant durcir. Délayez le cacao dans le lait et versez-le dans la crème fraîche. Faites chauffer et faites-y fondre le chocolat blanc en morceaux. Mélangez jusqu'à obtention d'une crème tiède que vous verserez dans 4 coupes. Chapeautez d'un morceau de croquant et d'une boule de glace à la mûre.

*20 minutes* *10 minutes* *facile*

Le chocolat est une boisson invitant davantage aux douces paroles qu'aux âpres conflits.

*Anne et Serge Golon*

# granité de noix de coco et fondue au chocolat au lait

**Pour le granité : 400 ml** de lait de coco sucré • **250 g** de noix de coco fraîche
**Pour la fondue : 80 g / 2 ¾ oz** de chocolat au lait • **50 ml** de crème fraîche (à 35 %)

Versez le lait de coco sucré (s'il est nature, sucrez-le) dans un large récipient et mettez-le 2 heures au congélateur, en prenant soin de le battre au fouet électrique toutes les 30 minutes. Pendant ce temps, faites fondre au bain-marie ou au micro-ondes le chocolat et la crème, puis laissez refroidir, tout en mélangeant. Tranchez finement la noix de coco. Servez la fondue dans 4 verrines, recouverte de lamelles de noix de coco, puis recouvrez de granité.

*15 minutes* *5 minutes* *facile*

Les plus grandes tragédies furent écrites par le Grec Sophocle et l'Anglais Shakespeare. Tous deux ne connaissaient pas le chocolat.

*Sandra Boynton*
*auteure, compositrice et illustratrice*

Je pris une nouvelle gorgée et le goût étonnamment réconfortant commença à caresser mon palais de manière à ce qu'une seule gorgée ne soit jamais suffisante. Ce liquide ne créait que le désir d'en boire davantage et il commença à remplir tout mon corps de sa perfection…

*James Runcie • écrivain*

# millefeuille en mousse de café

**Pour le millefeuille : 400 g** de pâte brisée **Pour la mousse : 150 g / 5 oz** de chocolat *gianduja* • **150 g / 5 oz** de chocolat noir • **300 ml** de crème fraîche (à 35 %) **2** cuillerées de café soluble **Pour la décoration : 1** gousse de vanille • sucre glace

Hachez les deux chocolats et faites-les fondre au bain-marie avec 1/3 de la crème fraîche et le café. Pendant ce temps, étalez finement la pâte brisée et coupez-y 12 rectangles que vous ferez cuire 12 minutes à 180 °C / 350 °F. Fouettez le reste de la crème et incorporez-y délicatement le mélange de chocolat et café en le versant en filet. Remplissez une poche à douille striée et farcissez les millefeuilles de trois noisettes par couche. Saupoudrez la pâte de sucre glace et terminez par un morceau de vanille.

*20 minutes* *30 minutes* *facile*

# mousse toute blanche

**Pour la mousse : 250 g / 8 1/2 oz** de chocolat blanc • **100 ml** de crème fraîche **50 ml** de lait de coco • **2** feuilles de gélatine• **5** cuillerées de Batida (mélange de lait concentré et de lait de coco) • **2** blancs d'œufs • **1** citron vert bio • sel

Faites ramollir la gélatine dans de l'eau froide. Faites fondre le chocolat en morceaux au bain-marie et, une fois tiède, incorporez la crème fraîche fouettée, le lait de coco tiède et la gélatine dissoute dans la Batida. Montez les blancs en neige avec une pincée de sel et ajoutez-les au premier mélange à l'aide d'une cuillère en bois. Râpez un peu de zeste de citron dans la préparation et versez le tout dans un récipient. Laissez prendre au frais. Une fois prise, servez la mousse en boules, décorées à votre goût.

*20 minutes* *10 minutes* *facile* *Ingrédients pour 8 personnes*

Les plus beaux poèmes peuvent servir à conquérir une femme ou à emballer des chocolats.

*Fabio Fazio • auteur et présentateur télé*

# petits pots au lait

**Pour les petits pots : 400 ml** de lait • **3** jaunes d'œufs • **100 g / ⅓** de tasse de sucre **70 g / 2 oz** de chocolat au lait • ½ gousse de vanille **Pour la décoration : 30 g / 1 oz** de chocolat noir • **4** cuillerées de cacao amer • crème fraîche (à 35 %) • sucre

Faites chauffer le lait et la vanille fendue dans le sens de la longueur et laissez infuser 10 minutes. Ajoutez le chocolat en morceaux et la crème, puis ôtez la vanille. Travaillez au fouet les jaunes d'œufs et le sucre. Incorporez les œufs au lait, versez le tout dans 6 moules individuels remplis aux ¾ et posez-les dans un plat contenant de l'eau à mi-hauteur. Enfournez 30 minutes à 170 °C / 335 °F. Laissez refroidir et décorez de cacao, d'une pointe de crème fraîche et de copeaux de chocolat.

*30 minutes* *30 minutes* *facile* *Ingrédients pour 6 personnes*

On dit que la formule de la relativité a été découverte par Einstein devant une tasse de chocolat chaud. En réalité, $E=Mc^2$ signifie Énergie = milk x cacao au carré.

*anonyme*

# crème blanche au chocolat et café

**Pour la crème :** **100 ml** de crème fraîche (à 35 %) • **50 ml** de lait entier • **80 g / 2 ³/₄ oz** de chocolat blanc • **1** cuillerée de grains de café (mélange arabica)

Faites chauffer le lait, puis laissez-le tiédir ; faites-y infuser les grains de café sans qu'ils colorent le lait, puis mettez 8 heures au frais. Faites chauffer la crème et le lait filtré et faites-y fondre le chocolat en fouettant hors du feu jusqu'à obtention d'une crème lisse et fluide. Laissez refroidir et servez cette crème avec un entremets glacé au chocolat noir. Vous pouvez également la servir en accompagnement d'un cake ou d'un gâteau à base de génoise.

*20 minutes* *5 minutes* *facile*

Le chocolat est une matière vivante, il a son propre langage, sa respiration et son battement intérieur. C'est seulement lorsqu'il se sent objet d'une attention particulière, et seulement alors, qu'il cesse d'envoûter la bouche et se met à dialoguer avec les sens.

*Alexander von Humboldt (1769-1859)*
*naturaliste et explorateur*

Une grosse tablette de chocolat Hershey, ou même une petite. Allez savoir pourquoi, à ce moment-là, une tablette de chocolat Hershey sauverait mon âme.

*Jack Kerouac (1922-1969)*
*écrivain et poète*

# …ceurs au cacao et mousse de chocolat

**Pour les douceurs :**

- **50 g / ⅓** de tasse de cacao amer
- **100 g / 1** tasse de farine à gâteaux
- **75 g / 5** cuillerées de beurre
- **2** œufs
- **4** cuillerées de sucre
- sel

**Pour la mousse :**

- **200 g / 7 oz** de chocolat blanc
- **150 ml** de crème fraîche (à 35 %)
- **1** œuf
- **1** jaune d'œuf
- **120 g / ½** tasse de sucre
- **2** feuilles de gélatine

*30 minutes* *20 minutes* *moyen*

## douceurs au cacao et mousse de chocolat

Portez à ébullition 200 ml d'eau avec le beurre et une pincée de sel ; versez la farine, le sucre et le cacao et commencez à mélanger à l'aide d'une cuillère en bois, jusqu'à ce que le mélange adhère aux parois. Retirez du feu et ajoutez les œufs un à un. Remettez sur le feu et poursuivez la cuisson 1 minute ; transférez la pâte dans une poche à douille et formez des petits tas sur une plaque recouverte de papier cuisson. Enfournez 20 minutes à 200 °C / 400 °F, puis faites refroidir les gâteaux sur une grille. Faites fondre le chocolat blanc au bain-marie ; mélangez les œufs au sucre et ajoutez-y la gélatine en morceaux, amollie dans l'eau froide. Ajoutez la crème fraîche fouettée en neige ferme ; mélangez et laissez prendre au frais. Coupez les douceurs en deux, garnissez-les de mousse au chocolat et servez.

L'amour est comme
boire un chocolat
chaud brûlant.
Au tout début, c'est
une surprise, puis
sa chaleur s'installe
un bon moment.

*anonyme*

## Une curiosité

L'amer cacao du Nouveau Monde fut sans doute adapté aux goûts européens par des moines espagnols, qui lui ajoutèrent de nouveaux ingrédients, comme le beurre de cacao, la vanille et, surtout, le sucre.

# biscuits bicolores

**Pour les biscuits :**

- **370 g / 3 3/4** tasses de farine à gâteaux
- **30 g / 1 oz** de chocolat au lait
- **200 g / 3/4** de tasse **+ 2** c. à s. de beurre
- **250 g / 1 1/4** tasse de sucre
- **3** œufs
- extrait de vanille
- sel

*20 minutes* *10 minutes* *facile*

## biscuits bicolores

Tamisez la farine dans un saladier. Ajoutez le sucre, le beurre ramolli, 2 œufs, un peu de sel et la vanille. Travaillez jusqu'à obtention d'une pâte homogène. Faites fondre le chocolat au lait et incorporez-le à la moitié de la pâte ; travaillez le tout à la main pour la rendre homogène. Enveloppez les deux boules de pâte dans du film transparent et laissez reposer 30 minutes au frais. Aplatissez la pâte à une épaisseur de 1 cm / 3/8 po et découpez des bandes. Recouvrez une plaque de papier cuisson et disposez-y les bandes de pâte côte à côte. Badigeonnez-les avec l'œuf non utilisé et coupez-les de manière à former des biscuits rectangulaires. Enfournez 10 minutes à 180 °C / 350 °F. Laissez-les refroidir et servez-les avec une tasse de thé ou accompagnés d'une crème légère.

# barquettes aux noisettes

**Pour les barquettes : 125 g /** 1/2 tasse de beurre • **125 g /** 1/2 tasse de sucre **2** jaunes d'œufs • **150 g / 1** 1/2 tasse de farine à gâteaux • **100 g /** 1/2 tasse de farine de maïs • **40 g / 1** 1/2 **oz** de chocolat blanc • bicarbonate **Pour la décoration : 20** noisettes

Travaillez le beurre et le sucre, incorporez les jaunes d'œufs et les farines tamisées ; ajoutez une pincée de bicarbonate. Homogénéisez la pâte, puis étalez-la. Recouvrez-la de film transparent et faites-la reposer 1 heure au frais. Ajoutez les copeaux de chocolat blanc, remettez-la au frais, puis aplatissez-la de nouveau. Découpez des biscuits ovales à l'aide d'un emporte-pièce et posez au centre de chacun d'eux une noisette. Enfournez-les 20 minutes sur une plaque recouverte de papier cuisson, à 170 °C / 335 °F.

*30 minutes* *20 minutes* *facile* *Ingrédients pour 20 biscuits*

Chaque matin, alors qu'il se rendait à l'école, Charlie regardait les immenses tours de tablettes de chocolat, empilées dans les vitrines des magasins ; il s'arrêtait et les fixait, le nez collé contre la vitre et l'eau à la bouche. Il voyait souvent les autres enfants sortir de leur poche de belles barres de chocolat crémeux pour les grignoter avidement et cela était pour lui une pure et simple torture.

*Roald Dahl (1916-1990) • écrivain*

# sablés au chocolat au lait

**Pour les sablés :** **1** cuillerée de beurre • **125 g** / 1/2 tasse de sucre • **2** jaunes d'œufs
**1** gousse de vanille • **150 g** / **1** 1/2 tasse de farine à gâteaux • **110 g** / 2/3 de tasse de farine de maïs • **60 g** / 1/3 de tasse de pépites de chocolat au lait • bicarbonate

Travaillez le beurre et le sucre, ajoutez les jaunes d'œufs, les graines de la vanille, les farines tamisées et une pincée de bicarbonate. Homogénéisez la pâte, puis étalez-la sur une feuille de papier cuisson. Recouvrez-la de film transparent et faites reposer 1 heure au frais. Découpez des sablés à l'emporte-pièce, ajoutez-y les pépites de chocolat et aplatissez-les. Déposez-les sur une plaque recouverte de papier cuisson. Enfournez 15 minutes à 160 °C / 325 °F. Servez-les froids, saupoudrés de sucre glace.

*30 minutes* *15 minutes* *facile*

# gaufrettes au cacao et mousse au chocolat blanc

**Pour les gaufrettes :**

- **1** blanc d'œuf
- **60 g / 4** cuillerées de beurre
- **50 g /** ½ tasse de farine à gâteaux
- **1** cuillerée de cacao amer

**Pour la mousse :**

- **150 ml** de lait entier frais
- **40 g / 1 ½ oz** de chocolat blanc
- **250 ml** de crème fraîche (à 35 %)
- **1** cuillerée de sucre glace

**Pour la décoration :**

- **25 g / 1 oz** de chocolat noir

*30 minutes* *8 minutes* *facile*

# gaufrettes au cacao et mousse au chocolat blanc

Travaillez au fouet le blanc d'œuf et le sucre glace, ajoutez le beurre fondu tiédi, la farine et le cacao tamisés. Laissez le mélange prendre au frais. Faites chauffer le lait dans une casserole et faites-y fondre le chocolat. Laissez tiédir, sucrez et remplissez votre siphon. Ajoutez la crème fraîche et mettez le siphon au frais. À l'aide d'une cuillère, déposez des disques du premier mélange sur une plaque recouverte de papier cuisson et enfournez 4 minutes à 200 °C / 400 °F. Décollez les gaufrettes obtenues de la plaque et faites-les refroidir immédiatement sur des moules individuels retournés ou sur le goulot d'une bouteille. Une fois les gaufrettes croustillantes, remplissez-les de la mousse issue du siphon, puis servez-les décorées de copeaux de chocolat noir.

# chocolats aux noisettes

**Pour les chocolats : 150 g / 5 oz** de chocolat blanc • **150 g / 5 oz** de chocolat au lait • **50 g /** 1/4 de tasse de noisettes

Ébouillantez les noisettes ; égouttez-les, pelez-les et grillez-les 5 minutes au four. Faites fondre séparément les 2 chocolats au bain-marie. Découpez un morceau de papier cuisson et roulez-le en petit cône. Remplissez-le de chocolat blanc, puis coupez-en l'extrémité. Prenez un moule à chocolats et remplissez-le d'un peu de chocolat blanc ; faites-le refroidir 10 minutes au réfrigérateur. Versez ensuite le chocolat au lait afin de remplir totalement chaque moule et insérez-y une noisette grillée. Remettez au frais 10 autres minutes. Une fois les chocolats rigidifiés, démoulez et servez.

*20 minutes* *20 minutes* *moyen* *Ingrédients pour 6 personnes*

Le chocolat est un mets parfait : il est salutaire, délicieux et restaure parfaitement l'énergie épuisée. Il est le meilleur ami de qui poursuit des desseins littéraires.

*Baron Justus von Liebig (1803-1873) • chimiste*

Pasticceria

La **caroube** est un terrible substitut au chocolat, au même titre que le **ketchup** remplace le bon vin.

*Sandra Boynton*
*auteure, compositrice et illustratrice*

# brownies aux noix

**Pour les** ***brownies*** **: 125 g / 4 oz** de chocolat au lait • **90 g / 6** cuillerées de beurre
**250 g / 1 ³/₄** tasse de sucre glace • **1** sachet / **1** cuillerée de sucre vanillé
**2** œufs • **80 g / ³/₄** de tasse de farine à gâteaux • **30 g / ¹/₄** de tasse de cacao amer
¹/₂ cuillerée à café de levure (poudre à pâte) • **120 g / 1** tasse de cerneaux de noix

Faites fondre le chocolat au bain-marie. Travaillez au fouet électrique le beurre et les sucres. Battez les œufs et ajoutez le beurre sucré, puis, délicatement, le chocolat. Incorporez la farine tamisée, le cacao et la levure. Ajoutez les noix hachées et versez le tout dans un moule rectangulaire, tapissé de papier cuisson. Enfournez 35 minutes à 180 °C / 350 °F. Laissez refroidir et découpez en dés. Servez les *brownies* dans des caissettes en papier.

*30 minutes* *40 minutes* *moyen* *Ingrédients pour 22 morceaux*

# petits *cheese-cakes* au chèvre

**Pour les *cheese-cakes* :** **4** biscuits au cacao • **70 g / 2 oz** de chocolat blanc • **250 g** de fromage de chèvre • **6** cuillerées de crème fraîche (à 35 %) • **130 g / 1** tasse de sucre glace • **1** œuf **Pour la décoration :** framboises • feuilles de menthe

Faites fondre le chocolat au bain-marie. Mélangez le fromage, la crème fraîche et le sucre glace, jusqu'à obtention d'un mélange mousseux et léger. Ajoutez l'œuf battu et le chocolat fondu petit à petit, en mélangeant à l'aide d'une cuillère en bois. Posez les biscuits dans le fond de 4 ramequins tapissés de papier cuisson et remplissez-en les $^2/_3$ de crème au fromage. Enfournez 20 minutes à 170 °C / 335 °F. Laissez refroidir 1 heure au frais. Décorez de framboises et de feuilles de menthe, puis servez.

*20 minutes* *30 minutes* *facile*

Je dois écrire un papier sur les relations et les lobotomies partielles. Deux idées en apparence opposées qui pourraient parfaitement s'accorder. Comme le chocolat et la pâte de noisette.

*Sarah Jessica Parker • Sex and the City*

# mini-génoises au rhum et chocolat

**Pour la génoise :**
- **1** génoise
- **220 g / 7 ½ oz** de chocolat au lait
- **180 g / 6 oz** de chocolat noir
- **300 ml** de crème fraîche (à 35 %)
- **4** œufs
- **240 g / 1 ¼** tasse de sucre
- **4** feuilles de gélatine
- **100 ml** de rhum

**Pour la décoration :**
- sucre glace
- chocolat au lait

*20 minutes* *5 minutes* *moyen*

*Ingrédients pour 6 personnes*

# mini-génoises au rhum et chocolat

Dans deux récipients distincts, faites fondre les chocolats au bain-marie. Mélangez les œufs (2 entiers et 2 jaunes) avec le sucre jusqu'à obtention d'un mélange mousseux. Faites ramollir la gélatine dans de l'eau froide ; retirez-la peu après, découpez-la et partagez-la entre les chocolats fondus. Ajoutez aux chocolats les œufs, le sucre et la crème fraîche précédemment fouettée et mélangez délicatement et séparément ces deux crèmes. Découpez dans la génoise de longues bandes rectangulaires et imbibez-les de rhum délayé dans un peu d'eau. Étalez une première couche de crème, recouvrez de génoise, utilisez la seconde crème et terminez avec la génoise. Laissez reposer au moins 2 heures au frais et servez ce gâteau coupé en bouchées carrées ; décorez de sucre glace et de copeaux de chocolat au lait.

# muffins au chocolat blanc

**Pour les *muffins*** : **125 g** / ½ tasse de beurre • **180 g** / ¾ de tasse de sucre • **2** œufs **1** cuillerée de sucre vanillé • **250 g** / **2** ½ tasses de farine à gâteaux • **110 ml** de crème fraîche (à 35 %) • **250 g** / **8** ½ **oz** de chocolat blanc **Pour le glaçage** : **50 g** / **2 oz** de chocolat blanc • **30 ml** de crème fraîche (à 35 %) • **100 g** / ½ tasse de fromage blanc **3** cuillerées de sucre glace

Mélangez le beurre ramolli et le sucre. Ajoutez les œufs un à un, puis le sucre vanillé, la farine, la crème et enfin le chocolat en copeaux. Versez le tout à mi-hauteur dans des moules individuels cylindriques et enfournez 20 minutes à 170 °C / 335 °F. Laissez refroidir et démoulez. Travaillez le fromage et le sucre glace. Faites fondre le chocolat dans la crème fraîche et incorporez-les. Recouvrez les *muffins* de ce mélange et placez-les 10 minutes au frais.

*30 minutes* *20 minutes* *facile*

# muffins glacés au cacao

**Pour les *muffins* : 200 g / 1 1/4** tasse de noisettes émondées • **180 g / 3/4** de tasse de beurre • **6** blancs d'œufs • **150 g / 1 1/2** tasse de farine à gâteaux • **30 g / 1/4** de tasse de cacao • **250 g / 1 3/4** tasse de sucre glace **Pour le glaçage : 80 g / 2 3/4 oz** de chocolat blanc

Hachez les noisettes. Faites fondre le beurre 4 minutes et laissez-le refroidir. Montez les blancs d'œufs en neige. Tamisez la farine, le sucre et le cacao, ajoutez les noisettes, les jaunes d'œufs et le beurre. Mélangez bien et versez le tout jusqu'à mi-hauteur dans 12 moules individuels. Enfournez 20-25 minutes à 200 °C / 400 °F. Laissez-les refroidir. Mettez le chocolat au bain-marie et retirez-le dès qu'il commence à fondre. Mélangez hors du feu : lorsqu'il est bien fluide, décorez-en les *muffins*.

*20 minutes* *30 minutes* *facile* *Ingrédients pour 12* muffins

# bouchées de chocolat et noisettes

**Pour les bouchées : 200 g / 7 oz** de chocolat au lait • **1** cuillerée d'huile de sésame
**60 g /** 1/3 de tasse de noisettes émondées • **80 g /** 1/2 tasse de raisins secs
1/2 verre / **50 ml** de marsala (ou autre vin de liqueur) • cacao amer

Faites gonfler les raisins dans le marsala. Mettez les 2/3 du chocolat au bain-marie et, dès qu'il commence à fondre, ajoutez le tiers restant et l'huile. Faites griller les noisettes au four, laissez-les refroidir et hachez-les. Égouttez les raisins et roulez-les dans le cacao. Versez le chocolat dans des caissettes en papier ou en aluminium, jusqu'à mi-hauteur. Déposez dans chacune un grain de raisin et recouvrez de chocolat. Parsemez la surface de noisettes hachées et passez au réfrigérateur avant de servir.

*30 minutes* *10 minutes* *facile*

Des gouttes de soleil glissent entre les cacaotiers et explosent à terre en mille rayons qui se reflètent dans les flaques, se colorant d'un rose couleur de thé.

*Jorge Amado (1912-2001) • écrivain*

# noisettes de noisette

**Pour 20 noisettes :** **150 g / 5 oz** de chocolat au lait • **3** cuillerées de pâte chocolat-noisette • **3** cuillerées à café de Cointreau • **100 g / 6 1/2** cuillerées de beurre • sucre glace

Faites fondre le chocolat au bain-marie. Dans une casserole, faites chauffer 150 ml d'eau, la pâte de noisette et la liqueur. Une fois à ébullition, versez sur le chocolat fondu, mélangez au fouet et ajoutez le beurre. Mettez le mélange obtenu au moins 20 minutes au frais. Transférez cette crème dans une poche à douille striée. Formez des noisettes sur une plaque recouverte de papier cuisson et laissez reposer 2 heures au frais. Passez-les dans une assiette creuse remplie de sucre glace et remettez-les au frais jusqu'au moment de servir.

*25 minutes* *10 minutes* *facile*

# truffes glacées au chocolat

**Pour les truffes : 400 g / 2** tasses de glace au chocolat au lait • **150 g / 5 oz** de chocolat noir de couverture • **80 g /** $^{2}/_{3}$ de tasse de cacao en poudre

Formez de petites billes de glace à l'aide de l'ustensile adapté, déposez-les sur un plat préalablement refroidi et remettez immédiatement le tout au congélateur. Faites fondre les $^{2}/_{3}$ du chocolat au bain-marie sans cesser de remuer et, dès qu'il devient fluide, incorporez-y le restant. Tamisez le cacao dans une assiette creuse. Piquez les billes de glace, immergez-les dans le chocolat fondu tiède et égouttez l'excédent. Roulez les truffes dans le cacao et disposez-les sur un plateau bien froid. Laissez reposer au congélateur jusqu'au moment de servir.

*15 minutes* *5 minutes* *facile*

# truffes meringuées au rhum blanc

**Pour les truffes : 200 g / 7 oz** de chocolat au lait • **3** cuillerées de cacao en poudre
**60 g** de meringue • **60 ml** de crème fraîche • **1** cuillerée à café de rhum blanc

Faites chauffer la crème avec le rhum et émiettez finement le chocolat. Ajoutez-le ensuite à la crème fraîche et fouettez jusqu'à ce que le mélange devienne fluide et homogène. Laissez reposer 5 minutes au frais en remuant au moins 3 fois jusqu'à durcissement. Émiettez la meringue et incorporez-la au mélange. Formez de petites boules de la taille d'une noix. Disposez les truffes sur un plat et laissez-les au moins 15 minutes au frais ; une fois refroidies, passez-les dans le cacao. Conservez les truffes au frais et servez-les en fin de repas, accompagnées d'un vin liquoreux.

*25 minutes* *10 minutes* *facile*

# nougat tendre aux noisettes

**Pour le nougat :**

- **800 g / 4 $^{1}/_{2}$** tasses de noisettes
- **400 g / 1 $^{3}/_{4}$** tasse de sucre
- **300 g / $^{3}/_{4}$** de tasse de miel
- **200 g / 7 oz** de chocolat au lait aux noisettes
- **70 g / 2 oz** de chocolat noir de couverture
- **3** blancs d'œufs
- **2** feuilles d'hostie

*20 minutes* *15 minutes* *facile*

# nougat tendre aux noisettes

**D**ans une casserole, versez $^{1}/_{10}$ du sucre et 40 ml d'eau ; faites chauffer jusqu'à obtention d'un sirop. Faites fondre les deux chocolats, ensemble, au bain-marie. Dans une seconde casserole, faites chauffer le miel en remuant, jusqu'à ce qu'une goutte plongée dans un verre d'eau cristallise. Faites cuire les blancs d'œufs au bain-marie. Faites caraméliser le sucre restant dans une casserole avec $^{1}/_{2}$ verre / 50 ml d'eau et ajoutez le miel ; ajoutez également les œufs, le chocolat et les noisettes émondées grillées. Tapissez le fond d'une plaque de cuisson d'une feuille d'hostie et versez-y le mélange, en le nivelant. Recouvrez d'une seconde feuille d'hostie et, à l'aide d'une deuxième plaque, appuyez pour obtenir 1,5 cm / $^{1}/_{2}$ po d'épaisseur. Laissez le nougat durcir et coupez-le en rectangles.

Ils vécurent
heureux et eurent
du chocolat blanc…

*anonyme*

# Index des recettes

*Les recettes sont prévues pour* ***4 personnes****,*
*à moins qu'une indication autre ne soit précisée.*
*1 cuillerée = 15 ml (1 cuillerée à soupe)*
*1 cuillerée à café = 3 ml (1/2 cuillerée à thé)*